I0154485

LE LIBRAIRE DV PONT-NEVF, OV LES ROMANS.

BALLET.

Recit d'Apollon.

Beautez, beau chef-d'œuure des Cieux,
Dont les charmes sont telz,
Qu'ils peuuent des mortelz
De mesme que les Dieux,
Obtenir des Autelz;
Contemplez ces Romans,
Ou plustost ces Amants,
Dont sur ma Lyre
Ie viens vous dire
Les tourments.
Iamais que pour vostre plaisir
Ces miracles d'amour
N'auoient receu le jour,
Et ce mesme desir
A causé leur retour;
Aymez donc ces Romans,
Ou plustost. &c.

ORDRE DES ENTRÉES.

1. Le Libraire.
2. Deux Pedants qui cherchent des Liures.
3. Amadis, Oriane, & Dariolette.
4. Les Cheualiers de la Table-Ronde.
5. Le Cheualier du Soleil.
6. Aſtrée & Celadon.
7. L'Algoüezil & quatre Demons.
8. Melluſine.
9. Les quatre fils Aymon.
10. L'Illuſtre Baſſa, & deux Ianiſſaires.
11. Dom Quichot, & Sancho Pança.
12. Diane de Montemajor.
13. Cardenio, Buſcon, & le Berger extrauagant.
14. Æſope, la femme de Xantus, Xantus, & ſa ſeruante.
15. Les Amans volages.

MVSIQVE ITALIENNE.

16. Le Guſman.
17. La belle Egyptienne, & Andrez.

TRIO.

18. Les femmes illuſtres.

AVX DAMES.

VRais & viuants pourtraits de la diuinité,
Illustres ennemis de nostre liberté,
Beautez sur la Terre adorées;
Ouurez ces yeux brillants qui nous font soupirer,
Mais afin d'admirer,
Quittez pour vn moment le soin d'estre admirées.

Ces merueilleux Romans qui ne peuuent lasser,
Et dont jamais le temps ne sçauroit effacer
Ny le merite ny la gloire,
Viennent rendre vn hommage à vos charmes vainqueurs,
Et prendre dans vos cœurs
La place qu'ils auoient dedans vostre memoire.

Ne leur refusez pas vn lieu si glorieux,
Ils n'ont receu le jour que pour plaire à vos yeux,
Et ne viennent que pour vous dire,
Qu'ils tiennent leur destin moins aymable & moins beau,
D'estre exempts du tombeau,
Que de se voir sous-mis aux loix de vostre Empire.

Pour le Cheualier du Soleil.

V. ENTRÉE.

IE ſuis Cheualier du Soleil,
Seulement pour ce que j'adore
Vne jeune beauté dont l'eſclat nompareil
Efface le teint de l'Aurore:
A ce pere du jour ell'a mille rapports,
Elle fait ſur les cœurs ce qu'il fait ſur les corps,
Et lance vne chaleur en miracles feconde:
Mais encore en vn point ils ſe rapportent mieux,
Il eſt vnique dans les Cieux,
Ell'eſt vnique dans le Monde.

Pour Aſtrée & Celadon.

VI. ENTRÉE.

QVi pourroit lire dans noſtre ame,
Où l'amour compatit auecque la vertu,
Y verroit le vice abbatu
Sous l'effort glorieux d'vne pudique flâme:
L'hiſtoire de nos paſſions,
Des plus brutales nations
A banny mille fois le crime & l'inconſtance,
Et malgré des jaloux injuſtes & puiſſants,
Sous les armes de l'innocence
Nous auons triomphé de l'injure des ans.

Pour l'Algoüezil, ou le Sergent.

VII. ENTRE'E,

CEs quatre Demons qui m'obſedent
Voudroient bien entrer dans mon corps;
Mais il faut que les petits cedent,
Et prenent la loy des plus forts:
Ie ſuis le vray Demon qui tourmente les hommes:
Ie n'eſpargne au temps où nous ſommes
Les riches ny les indigents:
Tout me fuit, perſonne ne m'ayme,
Et je croy que dans l'Enfer meſme
Les Diables craignent les Sergents.

Pour Melluſine.

VIII. ENTRE'E.

IE ſuis l'illuſtre Melluſine,
Qui brille d'vn eſclat qu'on ne ſçauroit ternir,
Et qui d'vne œillade diuine
Penetre le ſecret des choſes à venir,
I'ayme à prononcer mes preſages
Sous mille differents viſages,
Cette diuerſité rend mes eſprits contents:
Mais je n'affecte l'inconſtance,
Que pour ce qu'il n'eſt point de plus grande prudence
Que de changer ſelon le temps.

Pour les quatre fils Aymon.

IX. ENTRÉE.

IOur & nuict nous sommes armez
Pour defendre l'honneur des Dames,
Et punir ces hommes infames,
Par qui les bons sont opprimez:
Par mille & mille exploits de guerre,
Nous allons subjuguer la terre,
Et sommes quatre justement,
Afin que nostre espée en conquestes feconde
Plustost & plus esgalement
Puisse faire entre nous le partage du monde.

Pour l'Illustre Bassa.

X. ENTRÉE.

SY jamais quelques aduantures
Ont donné de l'estonnement,
Mon sort doit estre asseurément
Memorable aux races futures:
Sans offencer ma flâme, ou la loy que je tiens,
I'ay seruy l'Ottoman, j'ay seruy les Chrestiens,
Et me suis fait l'objet d'vne histoire bien ample:
Aussi n'est-il de nation
Qui ne tienne Ibrahim pour vn parfait exemple
D'amour, & de Religion.

Pour

Pour Dom Guichot.

XI. ENTRÉE.

ENflé d'vne ardeur heroïque,
Et d'vn courage ſans pareil,
I'ay rendu ma gloire publique,
Et me ſuis fait cognoiſtre autant que le Soleil :
On chante par toute la Terre.
Mes exploits d'amour & de guerre :
Ainſi que mes deßeins mon pouuoir eſt diuin ;
Iuſque là que mon bras ſans chercher d'aßiſtance
Qu'en ma ſeule vaillance,
A reſpandu le ſang de trente muids de vin.

Pour Sancho Pança.

MOnté deſſus vne bouricque,
Auec vn effroy ſans pareil,
I'ay rendu ma honte publique,
Et ne me ſuis couché non plus que le Soleil :
On chante par toute la Terre
Les exploits que j'ay fait au verre,
Iuſque là que mon nez n'eſt plus qu'vn gros bouton :
Mais je ne ſuis repû que d'eſpoirs infertilles ;
Car lors qu'on me promet des Iſles
Ie ne reçoy jamais que des coups de baſton.

Pour Diane de Montemajor.

XII. ENTRE'E.

IE ne ſuis pas cette Diane,
Dont jadis vn chaſſeur profane
Dans le criſtal de l'onde admira les appas:
I'ay quelque auantage ſur elle;
Car ſon propre deſtin l'exempta du treſpas,
Et rien que ma vertu ne me rend immortelle.

Pour Cardenio, le Berger extrauagant, & Buſcon.

XIII. ENTRE'E.

NOſtre habit comme noſtre danſe
Fait bien voir que nous ſommes fous:
Mais ce mal à toute la France
Eſt commun auſſi bien qu'à nous,
Qui fait le ſot pour vne ſotte,
Qui d'vn teint brun fait ſa marotte,
Qui pour la blanche a du deſſein:
Enfin noſtre raiſon eſt telle;
Si l'amour bleſſe la ceruelle,
Qui ſe peut vanter d'eſtre ſain?

Pour Æſope.

XIV. ENTRE'E.

QVe les hommes ſont miſerables,
On m'a precipité pour auoir dit des Fables:
Iugez comment on m'euſt traitté
Si j'euſſe dit la verité.

Pour les Amants volages aux Dames.

XV. ENTRE'E.

IL ne s'eſcoule heure ny jour
Que nous ne contractions des amitiez nouuelles,
Et nous n'affectons en amour,
Que la qualité d'infidelles:
La foy, cette Deeſſe à qui tous les mortelz,
Doiuent offrir des vœux & dreſſer des Autelz,
Ne ſçauroit eſueiller nos ames aſſoupies:
Mais par vn deſordre fatal,
Nous ne ſommes que les coppies
Dont vous eſtes l'original.

Recit des Comedians Italiens.

BElle donne, belle donne,
O ſembianze glorioſe
Delle ſtelle radioſe,
Vedete le noſtre pene.

O Ch'ama non ben conuienne
Di cantare, ó di ballare,
Perche? perch' eſſendo in tante pene:
Deurete ſempre ſoſpirare:
Che coſi s'uſa sfogare
Da gli amanti il gran dolore.
Belle donne. &c.

Belle donne inamorate,
Vn conſiglio vi vo dare,
Che canzone non laſciate,
A chi v'ama e vi tien care:
Perche mal può poi cantare,
Chi ſoſpira à tutte hore.
Belle donne. &c.

Voi potreſte dir ch' io canto,
Et ſon pure inamorato:
Vi riſpondo, che ſe'l pianto
E ne gl' occhi vn pò reſtato

Che

Che nel core è rad'oppiato :
O hime ſono vn cygno , che ſi muore.
Belle donne , belle donne ,
O ſembianze glorioſe
Delle ſtelle radioſe ,
Placate le noſtre pene .

Pour Guſman, aux Dames.

XVI. ENTRÉE.

BEaux yeux , ne vous eſtonnez pas ,
De voir ma mine bourſouflée ,
C'eſt d'vn buſq & non d'vn repas ,
Que ma panſe paroiſt enflée :
Ie ne me repais tout le jour ,
Si ce n'eſt de faſte & d'amour ,
Et le plus ſouuent je me couche
Auec ce faſcheux accident ,
De n'auoir rien mis dans ma bouche
Que le bout de mon curedent .

Pour la Belle Egyptienne.

XVII. ENTRE'E.

VNe conduite glorieuse,
Malgré cent obstacles diuers,
Me fait voir à tout l'vniuers
D'effect & de nom precieuse:
On me vola subtilement;
Mais depuis ce fascheux moment,
En l'art de m'en venger je suis bien si sçauante,
Que nul homme ne se presente,
A qui par vn charme vainqueur
Ie ne vole le cœur.

Pour le seignor Andrez.

HElas! qu'Amour a de puissance!
Ie sers vne errante beauté,
Et sous vn habit emprunté,
Pour plaire à mes desirs je trahy ma naissance:
Pour vn destin capricieux,
Auec des vagabonds je cours en diuers lieux,
Et fais des laschetez que ma flâme authorise:
N'est-ce pas vn double malheur?
I'ay perdu jusqu'à ma franchise,
Et je passe pour vn volleur.

Trio Logogriphigeois.

VT re mi fa ſol ſol re mi fa,
Alcaminanda romanti Calliparifa
Gran nazo moſtrara mollinero,
Et beherto farfanti cimuſi,
Et almenalo deuiaſſol,
In re mi fa ſol re mi fa ſol.

Pour les femmes Illuſtres.

XVIII. ENTRE'E.

BIen que tout le monde ait vanté
Les charmes de noſtre viſage,
Chacun ſçait que noſtre courage
Fut plus grand que noſtre beauté:
Vous qui cherchez vn rang parmy les immortelles,
Il ne ſuffit pas d'eſtre belles,
Il faut pour triompher auoir bien combatu:
Apprenez donc par noſtre hiſtoire,
Qu'on ne ſçauroit entrer au Temple de la Gloire
Que par celuy de la Vertu.

FIN.

LE BALLET DES ROMANS.

A MONSIEVR SCARRON.

CHER Scarron *qui ne ſortez point,*
Qui ne mettez plus de pourpoint,
Ny pour vous garentir de crottes,
De bas, de ſouliers, ny de bottes:
Ains, qui touſiours eſtes aſsis,
En ſouffrant des maux plus que ſix;
Voire plus que dix, ce me ſemble,
Quand tous leurs maux ſeroient enſemble;
Vous, qui vous croyez malheureux
D'auoir le poulmon catarreux:
Qui depuis que mal vous enchaiſne
Contez bien pres d'vne ſepmaine,
Auec ſix mois, & quatorze ans,
Dont les cinq derniers peu plaiſans
Font que ſouhaitez à toute heure,
Ou la mort, ou ſanté meilleure.
Pour adoucir vos maux cuiſants,
Non les paſſez, mais les preſents,

Et ceux que souffrirez encore
Iusqu'à tant que mort vous deuore:
(Mais deussent-ils estre plus grands,
Viuez encor quatre-vingts ans.)
Auant donc qu'il vous mesaduienne,
Il faut que je vous entretienne:
Mais dequoy vous entretenir?
De ce que j'ay peu retenir
D'Auentures assez crotesques,
Que je mets en rimes burlesques,
En Vers que nommez vermisseaux,
Bien fasché qui ne sont plus beaux,
Afin que plus vous peussent plaire.
Par sainct Quinet *vostre Libraire*
Ie vous les enuoye imprimez,
Et du mieux que j'ay peu rimez:
Or sus descouurons le mystere,
Et disons comme va l'affaire.
Enfin le Ballet des Romans
Est dansé, qu'à plus de dix ans,
Au moins comme chacun en cause,
Ne se verra plus belle chose,
S'il en faut croire au bruit qui court,
Parmy le Bourgeois, & la Cour.
Qu'il fut laid ou beau, ne m'importe;
S'il a paru je m'en rapporte,
Et le passe pour tel qu'il est,

Sans y prendre aucun interest ;
Sinon que je serois bien aise
Que l'eußiez veu dans vostre chaise,
Et qu'en eußiez eu le plaisir
Sur tout conforme à mon desir :
Mais s'en est fait, & de l'année
Ne se verra celle journée,
Que tel Ballet sera dansé,
Ainsi l'auez vous bien pensé.
Mais, je veux pour vous satisfaire,
Diuertir, réjoüir & plaire,
Vous faire parler ces Romans,
Qu'en mes Vers presqu'außi plaisans
Vous trouuerez sans menterie,
Qu'ils estoient en leur mommerie.
En voicy l'ordre & le destail :
Mais j'entreprends bien du trauail ;
N'importe, pourueu que ma Muse
A d'autres choses ne s'amuse,
Ie ne l'apprehenderay point,
Et vous diray de point en point,
Si je ne manque de memoire,
Le cours de tant plaisante Histoire.

PREMIEREMENT *le premier pas*
En fut dansé le Ieudy gras,
Dans vne maison empruntée,
Fort en desordre, & fort crottée,

Le train d'vn grand Prince en ſortoit,
Qui l'ordure point n'emportoit;
Si que court, degré, chambre & ſalle,
Iamais on n'a veu de plus ſale.
Enfin, tellement quellement,
Le Ballet fut danſé, comment?
Comment, penſez-vous de l'eſpace
Qu'on nous laiſſa, & quelle place?
Là, la preſſe tres-grande eſtoit;
Sur jambes & pieds on ſautoit;
Et tel penſoit danſer en crottes,
Qu'il ſe ſentoit tomber ſur bottes,
Et crottoit les canons ſi beaux
De Meßieurs les godeleureaux,
CoucheZ ſur fin drap de Hollande,
Dont ſouuent ceux de la grand' bande
Pour le grand Ha, Ha, qu'ils faiſoient,
Trop de meſure ne jouoient.
Meſme auant la danſe finie
Se ſepara la compagnie:
Lors par la neige qui tomba
Chacun en ſa maiſon alla;
Sçauoir, la Dame en ſon carroſſe,
Et la Bourgeoiſe, comme en nopce
S'enfuit la cotte en couurechef,
Sans apprehender danger. Bref,
Ayans plié noſtre bagage,

On conduisit nostre équipage;
Quel équipage pensez-vous
Que l'on conduisoit apres nous?
C'estoit, en tres-bel attelage,
Dix carrosses, & dauantage,
Pour tous les danseurs du Ballet,
Dont le nombre n'estoit complet:
Car la mort qui ne fut onc bonne,
Et qui ja n'espargna personne,
Par vn rhumatisme quel, tel,
Enleua Madame Potel,
Qui gist sous marbre, plomb, ou bronze.
Sans cette mort ils estoient onze:
Car Monsieur son fils y masquet,
Non pas le Seigneur du Parquet,
Mais celuy que par tout on nomme,
L'aisné Potel, *ce galand homme;*
Qui croyoit danser en effet:
Car despense grande auoit fait;
Ie vous dis tres-grande despense,
Pour paroistre dans cette danse:
Car il dansoit dans ces Romans
Vn des Aymons, vn des Amans;
Mais par l'effort de mort tant dure
De danser au ballet n'eust cure,
Ny d'estre où l'on nous attendoit,
Où attendant on clabaudoit,

Chez *Madame* Graue Launée,
Ditte autrement Laune Grauée,
La femme de Graue Launé,
Ou comme on dit Laune Graué,
De pistoles & d'escus riche ;
Où le monde ne fut pas chiche :
Car nul portier ne resistoit
Au monde qui se presentoit,
Ce qui fit la place si mince,
Que pour l'augmenter vn grand Prince,
Ny son pouuoir, ny sa vertu,
Ne seruirent pas d'vn festu ;
Dont il eut tant de fascherie,
Qu'il n'en vit point la mommerie ;
Dequoy les danseurs hebobits,
Sur le champ changerent d'habits,
Tous prests d'abandonner la place,
Lors qu'on leur vint demander grace,
Disans pour les faire danser,
Que le Monde s'alloit presser.
Aussi-tost entra la Musique,
A qui les causeurs firent nique,
Et jamais n'eurent le credit
Que ce bel air on entendit,
Qu'Apollon chantoit sur sa Lyre,
Comme aux Vers vous auez peu lire,
Ce qui leur fit le lieu quitter,

Et lors baladins de ſauter,
Et d'vne danſe ſi legere
Que le Ballet ne dura guere:
Car dés que l'on euſt commencé,
Et que le Libraire euſt danſé,
Les autres vingt & deux entrées,
En peu de temps furent montrées.
Pendant nos Dames attendoient,
Que beaucoup de gens regardoient,
Ie dis nos ſix Dames Illuſtres,
Conſeillers, que nobles, que ruſtres,
Tous peſle-meſle curieux,
Regardoient entre les deux yeux:
Mais encor de quelle maniere
A coſté, deuant, & derriere,
Pour le vous dire en peu de mots,
Iamais je ne vis tant de ſots:
Car l'vn diſoit, Madamoiſelle,
Dieu me damne vous eſtes belle;
Parbleu, vous auez des appas
Que ces autres Dames n'ont pas;
Vous danſez auec telle grace,
Que pas-vne ne vous ſurpaſſe:
Cruelle, vous auez mon cœur,
Croyez-en voſtre ſeruiteur.
L'autre faiſoit de l'agreable,
Accoudé deſſus vne table,

Le chapeau deſſus les genoux,
Le peigne en main, & les yeux doux,
Contrefaiſant ſa contenance,
Mordoit ſon gan, ſerroit ſa gance,
Auec vn diſcours aſſez plat.
I'y vis encor vn autre fat,
Vn veau d'vne Cour ſouueraine,
(Non pas de cette Cour hautaine
Où jugent huict vingts Conſeillers,
Mais quarante vectigaliers,)
Qui d'vne voix claire, & puis baſſe,
Declamoit comme en vne claſſe,
Qui contrefaiſoit le Balzac,
Parloit du Hoc, & du Trictrac;
Par fois retrouſſant ſa mouſtache,
Goboit l'amande, & la piſtache,
Et juroit à deux à la fois,
Qu'il vouloit mourir ſous leurs loix.
Ie vis encor plaiſante choſe,
C'eſt vn certain noble à la Roſe
Dont les cheueux noirs & friſez
Eſtoient ſi fort pulueriſez,
Que quand il ſe mettoit en panche,
Il tomboit tant de poudre blanche,
Que de ſon manteau le collet
En eſtoit plus blanc que du laict:
Or fort plaiſante eſt cette mode,

Car

Car chacun ainſi s'accommode:
Mais c'eſt tres-mal s'accommoder,
Si ſalement ne veux moder;
Maintenant que le dueil on porte,
On ſe ſalit d'eſtrange ſorte:
Or mes habits veux quitter, ſi
Il faut s'accommoder ainſi.
Vn autre aſſis deſſus vn coffre,
De ſon ſeruice faiſoit offre
A celle qu'il ne vit jamais,
Et qu'vn demy quart d'heure apres
Il ne deuoit voir de ſa vie,
Iuroit auoir l'ame rauie
De voir tant d'attraits gracieux,
Quoy qu'vn maſque, excepté les yeux,
Cachaſt le reſte du viſage:
Enfin, ſi tel galand eſt ſage,
Ie croy bien qu'à juger de tous,
Les plus ſages ſont les plus fous.
Ce qui nous mettoit en colere,
Eſt qu'on n'auoit peu ſatisfaire,
Ny donner le plaiſir parfait
Qu'on auoit promis en effect,
A la Dame de l'aſſemblée,
Qui paroiſſoit toute troublée,
Quoy que le Ballet n'euſt eſté
Veu dedans toute ſa beauté,

Et malgré tant & tant d'obstacles,
Cet objet, l'objet des miracles,
L'incomparable Desmarets,
Effaçant les autres objets,
Auecque Lolo *l'espritée,*
Qui retient toute ame domptée,
Vint honorer d'vn compliment,
Et d'vn rare remerciement
Les danseurs de la Romantie:
Puis cette trouppe fut seruie
De douze perdrix au bassin,
Et du rissolé marcassin,
Qui tint lieu d'vn mets agreable,
Auec autres dessus la table,
Suiuis de l'excellent cantal,
Des fromages le general,
Qui fit vuider quelques bouteilles,
Dont ce n'estoit grandes merueilles:
Enfin, tres-bien, nullement mal.
On fut voir Monsieur d'Orgeual,
Qui portant la clef de sa porte,
Auoit mis l'ordre en bonne sorte,
Seruante, page, ny valet,
Ne vit danser nostre Ballet,
Personne ny trouuant entrée
Que le voisin de la contrée:
Iugez, donc comme on y dansoit,

Perſonne ne nous y preſſoit,
La ſalle eſtoit bien eſclairée,
Et de rares beautez parée,
Et ſur toutes cette beauté
Par qui tout cœur eſt enchanté;
La belle Marion de l'Orme
En fauteuil, non ſur vne forme,
Fouloit aux pieds nombre d'amans,
Dont elle cauſe les tourmens,
Et d'vn regard doux & ſeuere
En accabloit cent de miſere:
Parmy tous ces amans conquis
Eſtoit vn amoureux Marquis,
Qui fait voir par ſa contenance,
Qu'il ne dit pas ce qu'il en penſe.
La belle Madame du Til
Qui met ſes mourans ſur le gril.
Sçauez vous qu'vne Preſidente
Y parut, & beaucoup charmante?
Pour qui les nobles s'empreſſoient,
Et Monſieur d'Orgeual *pouſſoient,*
Auecque maniere inſolente,
Puis au pieds de la Preſidente
Peſle meſle on voyoit veautrez,
Au moment qu'ils eſtoient entrez,
Et puis en danger de querelle,
Venoient entretenir la belle,

Ie dis la belle d'Eragny,
Qui va tous les ans à Lagny:
Sainct-Germain *la jeune merueille,*
Babet *aussi la nompareille,*
Madame aussi de Rotelin,
Laquelle n'eut l'œil assez fin
Pour voir qu'en la derniere entrée
Vne Dame estoit tres-parée
De son habit de toile d'or.
Pensez vous qui j'y vis encor?
Cent autres & femmes, & filles,
La Guenegaud, *des plus gentilles,*
Dont les yeux plus que les brillans
Esbloüissoient tous les galans:
Enfin, auec grande conduite,
Là le Ballet fut veu de suite,
Tant qu'il fut par danseurs dansé,
Et finy comme commencé,
Et si bien que la compagnie
Tesmoigna d'en estre rauie;
Comme aussi les danseurs rauis
Des Mets qui leur furent seruis,
Receurent auec allegresse
Bon visage d'hoste, & d'hostesse.
Le lendemain de ce Ieudy,
Qui fut me semble vn Vendredy:
Chacun cria si haut merueille,

Que le bruit en vint à l'oreille
Du Roy, qui le desira voir,
Et si tost qu'on sceut son vouloir,
On tascha d'affermir sa hanche,
Pour se preparer au Dimanche
De danser au Palais Royal,
Qui fut autrefois Cardinal,
Sur ce magnifique theatre
Où toute la Cour idolatre,
Le Ballet auoit tant vanté
Iadis, De la Felicité,
Qu'oncque la pure flatterie
Ne fit si lourde menterie.
Estant donc arriué ce jour,
Qu'on nous attendoit à la Cour,
(Helas! qu'à jamais Dieu me garde,
D'y voir ou franchir Corps de garde:
Dieu me garde d'vn Lieutenant,
D'vn Garde du corps, d'vn Exempt,
Le jour qu'on fait ceremonie:
Car tant qu'elle n'est point finie,
Quoy qu'ils ne soient pas endormis,
Ils ne connoissent leurs amis:
Si donc jamais à jour de Feste
A la Cour je porte ma teste,
Et que je n'y sois appellé,
Puissay-je en reuenir pelé,

Et que pieds & mains on me tranche,
Si Lundy, Mardy, ny Dimanche,
Mercredy, Ieudy, Vendredy,
Ny le ſainct jour du Samedy,
On m'y void frapper à la porte,
Que Dagon de Louuiers m'emporte.)
Alors donc que l'on ſe ſerroit,
Qu'à danſer on ſe preparoit,
Ne croyant voir que la Nobleſſe
Tenir la place en cette preſſe,
Ie creus me voir priué de ſens
Quand j'apperceus deſſus les rangs,
Et ſur la forme de moquette,
Non pas la Bourgeoiſe coquette
Qui jaze comme Perroquet,
Et par ſon importun caquet
Eſtourdit tout ſon voiſinage:
Mais j'y vis encor dauantage,
Qui penſez-vous donc que j'y vis?
Gens, dont les Grands eſtoient rauis,
Eſtans entourez de commeres,
De nourrices, d'enfans, de meres,
Si bien tenir leur quant-à-moy,
Qu'ils ne l'euſſent cedez au Roy:
On baiſſa juſqu'en bas la toile
Qui ſeruoit aux danſeurs de voile,
Et l'on alluma les flambeaux,

Pour voir au nez les Damoiseaux,
Qui ce jour pour franchir les Gardes,
Souffrirent beaucoup de nazardes,
Et plusieurs ne se sont vantez
D'en auoir esté bien frottez:
Pendant que l'vn sur l'autre on roule,
Vn bruit s'esleue dans la foule;
Que le Roy dans fort peu de temps
Rendroit beaucoup de gens contents,
Et que bien-tost par sa presence
On alloit commencer la danse.
Or estions d'hommes tres hodez,
Et de gardes incommodez:
Lors qu'on vit auec grande peine,
Venir les filles de la Reyne
Par chez Monseigneur de Crequi,
Et que là, par je ne sçay qui,
Dedans la presse de la porte
On les traittoit d'estrange sorte:
Car gens qui pour entrer pressoient
Non seulement les destroussoient,
Mais les poussoient sans dire garre.
Vous souuient-il bien de la Barre,
Quand l'an dernier y fut la Cour,
Et ce qui se passa ce jour?
C'est presqu'icy la mesme chose;
Mais non pas vne mesme cause,

Car quelque carroſſe y rompit,
Et quelque caſcade s'y fit,
Teſtes y furent boſſuées,
Et Demoiſelles eſchoüées :
Des Ducs y furent deſmontez,
Et tres-honneſtement crottez :
Sainct-Michel *y perdit ſa cotte,*
Mais elle y gaigna quelque crotte;
Segur *y meurdrit ſes gigots ;*
Pont *de conſerue d'abricots*
Empoiſſa toute ſa pochette;
Sainct-Loüis *y perdit ſa manchette;*
La belle Deſcars *ſon mouchoir.*
Icy c'eſtoit choſe autre à voir,
Il eſt vray que filles preſſées,
Virent leurs robes detrouſſées,
Nul carroſſe ne s'y rompit;
Mais quelque caſcade s'y fit,
Ie dis de tres-rudes caſcades,
Dont aucunes furent malades,
Meſme Madame de Premont
Tomba les deux pieds contre-mont,
Et ſa crauate fut crottée
Deſſus la petite montée,
Et ne tombant point ſur tapis
On creut qu'elle d'euſt auoir pis.
Moy qui n'ayme point la diſpute,

Ie n'en

Ie n'en vis pas la cullebute:
Or qui la vit donc? plus de trois,
Tres-volontiers je nommerois
De Pont, & Neuïllan, *ce me ſemble,*
Segur, & Sainct Maigrin *enſemble,*
Et Chaumont, *auec ſes yeux doux,*
Qui virent danſer à genoux,
M'ont aſſeuré deſſus leur ame
De la cheute de cette Dame.
Enfin, le ſilence ſe fit,
Et l'on commença le recit,
Et le reſte alla d'vne tire;
Pleuſt à Dieu que puſſiez qu'en dire:
Car on vit le commencement,
Qui fut vn Libraire Flamant,
Et qu'on fit incontinent ſuiure
Par Pedants cherchans quelque Liure;
La troiſieſme entrée Amadis,
Oriane *du temps jadis,*
Et leur gente Dariolette
Qui faiſoit aſſez la follette;
En ſuitte ces deux beaux Amans,
Qui ſe meſlans dans les Romans,
Se firent voir à tout le monde
Cheualiers *de la* Table-Ronde;
Auſſi leur pas & leur atour,
Et leur air, ſurprirent la Cour.

Sur le theatre on vit encore
L'amoureux de ſa belle Aurore,
Le beau Cheualier du Soleil,
Dont l'habit eſtoit ſans pareil,
Et qui par ſa danſe agreable
Fit vne entrée incomparable.
Item, l'amoureux Celadon,
Reſſemblant preſqu'à Cupidon;
I'entens Cupidon au gros moule,
Qui rauit par ſon pas la foule;
En ſorte, que par tout Paris
Ce beau couple emporta le prix,
Autant Celadon comme Aſtrée,
La plus belle de la contrée.
Item, l'inſolent Algoüazil,
Au nez plus rouge que brezil,
Auecque ſa belle caſaque,
Qui ſautoit en demoniaque,
Accompagné de ſes demons,
Auoit Melluzine aux talons.
Plus les quatre fils Aymons freres,
Ibrahim & deux Ianiſſaires;
Dom Quichot, & Sancho Pança
Qui jamais au coups n'éclipſa.
Apres Diane l'euentrée,
Fit vne ridicule entrée:
Puis Cardenie en fit autant,

Que Buſcon, & l'Extrauagant.
Eſope, Xantus, ſa famille,
Auſſi droite qu'vne faucille,
Danſerent deuant les Amans
Les plus volages des Romans;
Puis la Muſique Italienne;
Mais pour la belle Egyptienne,
Vous ſçauez que toute la Cour
Pour elle s'embraſa d'amour;
Car dedans chacune aſſemblée,
Pour emporter les cœurs d'emblée,
Chacun l'eſtime comme il faut,
Toute admirable & ſans deffaut;
Auſſi cette rare merueille,
La ſurnomma la nompareille.
Ne parlons point de ce Trio
Que pour faire icy le zero,
Ny n'expliquons le Logogriſe:
Eſpargnons & de noſtre griſe
Et l'Allemand & cet aſnier
Que je vis au moulin hier:
Mais de nos tres-illuſtres Dames,
Remplies de feux & de flammes
Tout autant que de vanité,
Depuis que par ſa grand bonté
La REYNE *en vertus nompareille,*
Leur eut fait regale à merueille:

Qu'elle daigna les auertir
De la voir auant que partir:
Au moindre bruit de sa parole,
Aucune n'y va qui ne vole,
Pour saluër sa Majesté,
Qui leur fit la ciuilité
De leur parler prés d'vn quart d'heure,
Dont j'estois honteux, ou je meure,
Et par vn ordre en Cour nouueau,
D'vn souper magnifique & beau;
Comme de cent honneurs comblées
Se virent enfin regalées:
Et le ROY leur fit compliment,
Qui passa pour remerciment.
Si bien que la trouppe esbloüye,
Et de bonté tant inoüye,
Et de l'honneur qu'elle receut,
Et du plaisir qu'elle conceut,
En demeura fort satisfaite,
Ne pensant plus qu'à la retraite.
Quand, je ne sçay quel bon valet,
Nous vint demander le Ballet
Pour Dame illustre & liberale,
Duchesse de place Royale:
Lors nous fusmes engagez tous,
Au lieu d'aller tout droit chez nous,
D'aller auec belle allegresse

Danſer en maiſon de Ducheſſe,
Où dés qu'y fuſmes amenez,
Aucun ne nous vint voir au nez,
Sinon vn certain Secretaire,
L'Intendant, ou l'homme d'affaire,
Que Martin, *à ce qu'il fut dit,*
On nomme, & qui n'eut le credit,
De faire eſclairer noſtre chambre,
Qui ne ſentoit le muſc, ny l'ambre;
Ie m'abuſe, c'eſt galetas,
Gardemeuble, où danſeurs à tas
On nous mit de peur de querelle,
Sans feu, ſans bois, & ſans chandelle:
Mais quoy? cher Scarron, *j'enrageois*
Contre Martin, *que ne pouuois*
Ne luy meffaire, ny luy dire
Que ſon nom vne injure pire;
Toutefois du feu l'on nous fit,
Que d'vne paillaſſe de lict
On tira dans la cheminée,
De chenets, ny de pelle ornée:
Or mouïllez nous falloit ſecher;
Mais l'on pouuoit en approcher,
Sans crainte de bruſler ſemelle;
Puis enfin vint vne chandelle,
Qu'vn laquais ny propre ny beau,
Attacha ſur vn eſcabeau,

Puis pour la coler en muraille,
Montant vne chaire de paille,
Tomba, ne se blessant qu'vn peu,
Ainsi demeurasmes sans feu
Tout le reste de la serée,
Lors qu'vne Dame qui m'agrée,
Vint dire, Messieurs, c'est leans
Qu'arriue le Duc d'Orleans,
Auant qu'il soit demy quart-d'heure:
Vn chacun, sans cela je meure,
Auoit ja serré son habit,
Et ne l'eust vestu de la nuict;
Aussi qu'vne Dame crestée
Nous fit remonter la montée,
Dit, puisqu'en ce logis estions,
Que le Ballet nous danserions:
Les trois des plus belles entrées
Tout exprés ne furent montrées;
La Musique y parut fort peu,
Car toujours fut au coin du feu;
Aussi les danseurs dans la danse
N'y montrerent pas leur science,
Come fit autrefois Robin
En presence de sa Catin;
Quoy qu'il y eust d'illustres Dames,
Belles filles, & jeunes femmes,
Et de remarquables Seigneurs,

Des Mareschaux, des Gouuerneurs,
Ie dis Gouuerneurs de Prouinces;
Mesmes y estoient deux grands Princes,
Assauoir le Comte de Blois,
Qu'on nommoit Monsieur autrefois,
Duc d'Orleans qu'ores on vante
Depuis qu'auons Reyne Regente;
Et le Duc qui par ses canons
Nous fit chanter deux Tedeons
L'an passé, l'vn pour Thionuille,
Et pour Rocroy petite ville.
Sçauez-vous que ce Mareschal,
Qui sera toujours liberal,
Et qui malgré la tyrannie
A toujours fuy la vilenie,
Fut rauy de voir ces Romans?
Car depuis huict, dix, ou douze ans
Il n'auoit rien veu en Bastille,
Qu'au trauers d'vne verte grille;
Hors eux, fort peu de gens estoient,
Et seuls ce Ballet meritoient.
Attendez vous que je vous die
Le compliment de la sortie?
Sortant, on l'eut aussi parfait
Qu'en entrant on nous l'auoit fait:
La collation fut de mesme,
Pour s'accoustumer au Caresme,

Car ſouuent la collation
Cauſe aux danſeurs repletion ;
Pourtant citrons ſur vne aſſiette
Coupez par tranche en vinaigrette
On preſenta dedans le bal,
De crainte qu'ils ne fiſſent mal
Autant aux danſeurs qu'aux danſeuſes,
Tous chanceux & toutes chanceuſes :
Car on paſſa deuant leur nez
Deux citrons en tranches coupez,
Auec deux baſsins de fourchettes,
Et trois baſsins de ſeruiettes ;
Tout cet apreſt pour nous n'eſtoit,
Car aucun de nous n'en taſtoit,
Quatre ou cinq les expedierent,
Puis dedans le Bal s'eſſuyerent,
Et ceux qui ces baſsins portoient,
Au meſme temps les rapportoient.
Les nobles de cette ſerée
Deuoroient en chiens de curée ;
Car quand vn la tranche lechoit,
Vn autre des dents l'arrachoit,
Et donnant ainſi la ſaccade
Mangeoit à part ſa citronade ;
Et fuſmes receus cette fois
Comme chez Margonne *autrefois.*
Pourtant ſi la Dame Ducheſſe

De nos

De nos danseurs veut voir l'adresse,
Point n'empescheront les Martins,
Gens malins, mutins, & lutins,
Que nostre attirail ne chemine
Tout droit au Chasteau de l'Hermine,
Chez la Dame du sang Breton,
La Maistresse de Charanton;
Car toujours toute obeïssance
Est deuë à ceux de sa naissance,
Qu'on voit tenir le premier rang
En suitte des Princes du sang:
Or ne tint à Dame si haute
Que de tout n'eussions nulle faute;
Mais on fut mal de tous costez,
Elle obeye, & nous traittez;
Car je sçay bien que la Duchesse,
Qui vaut autant qu'vne Princesse,
Et qui vous fit dedans Bourbon
Autrefois vn accueil si bon,
Ainsi qu'en la page huictiesme,
Vous nous l'auez appris vous mesme,
Auoit fait le commandement
A Martin, *ce bon Intendant,*
De nous faire la cherelie,
(Mais il nous donna de l'oublie,
De l'oublie de son mestier,
Non de celuy du Paticier,

Qui quoy que viande legere,
Tres-malaisement se digere.)
Or cet ordre il suiuit tres-bien;
C'est à dire qu'il n'en fit rien;
Ce qui nous esmouuoit la bile,
Est qu'on nous attendoit dans l'isle,
Depuis les huict heures du soir,
Où le monde esperoit nous voir
Auant le souper de famille;
C'est pourquoy mary, femme, & fille,
Sans que l'on leur donna du pain,
Auroient jeusné jusqu'au matin:
Mais deuinez quel pain estoit-ce?
Vous direz du pain de Gonesse;
Car le chalan est trop grossier
Pour gens de ce nouueau quartier,
Et direz que l'on s'accommode
Ayant faim du pain à la mode:
Hé! quoy? vous ne deuinez pas,
Quel pain on eut à ce repas?
Il semble que vous ayez peine
De dire le pain à la Reyne,
Ou cil de chapitre vieilly,
Ou le jaune de Gentilly?
C'estoit, pour ne vous mentir mie,
De ce gros pain à grosse mie,
Que l'on abandonne aux valets

Quand on n'attend point de ballets.
Dés qu'vne miche estoit montrée,
Comme en siege estoit deuorée,
Et chacun sa place quittoit
Autant que la faim l'y portoit.
Là, les galands bruslez de flammes
Estoient quittes enuers leurs Dames,
Et de leurs seruices passez
Tres-dignement recompensez,
S'ils apportoient eau de la cruche,
Et du pain du fonds de la huche:
La manne qui tomba des Cieux
Pour substanter les Hebrieux
Auoit vn goust tres-agreable;
Icy c'estoit manne admirable
Qu'vn morceau de pain tout moisi,
Aucunes le prenoient quasi
Pour du biscuit à la Genoise,
Qu'ils disoient sentir la framboise.
Or dés que fusmes arriuez,
Ils estoient si fort estriuez,
Que mesme auant nostre venuë
Toute la cire estoit fonduë,
Si bien que chandelle on mettoit
Aux lieux ou cire plus n'estoit:
Or l'on fit voir toute la danse
A ces gens pleins de patience.

Trois Princes attendoient aussi,
Ce qui nous causoit du soucy;
Car pour les gens du voisinage,
Ils ne valoient que dauantage
On se mist en peine pour eux,
Quand on n'eust pas dansé des mieux;
Ce seroit me mettre au carnage,
Si parlant de ce voisinage,
Dont mes bons amis sont aucuns,
Ie n'en exceptois quelques-vns;
Sçauoir la trouppe Balconiere,
Honneste, ciuile, & peu fiere,
Que j'estime, ou bien peu s'en faut,
Autant que chacun d'eux le vaut.
Et quelques-vns de la grand' ruë
Sur qui pas trop je ne me ruë;
Mais je hay plus que galle & clous
Les vefues de certains matous,
Certaines Dames surannées,
Tortu-bossuës, descharnées,
Scarron, *que je ne nomme point,*
Demeurons-en dessus ce point:
Sont ces gens qui de la contrée
Ne meritoient rien que l'entrée
De l'Escuyer Sancho Pança,
Ou bien de l'Illustre Bassa:
On dit que c'estait trop encore

Pour ne les voir qu'apres l'Aurore ;
Vrayment, c'estoit bien pour ces gens
Ce rare Ballet des Romans.
Cher Scarron, faut que je vous die
Leur erreur & leur maladie,
Quand on fait pour eux des Ballets,
Ils traittent comme des valets
De gens d'honneur qui prennent peine
De danser à perte d'haleine,
Et qui pour eux font vn Ballet
Du matin au soir tout complet ;
Ie ne veux point icy m'estendre,
La Fon vous pourra bien l'apprendre,
Ie vous dis la Fon vostre amy,
Qui n'y peina pas à demy ;
Vostre amy la Fon & le nostre,
S'en tourmenta bien plus qu'vn autre
En deux maisons de ses voisins,
Mesme auecque ses deux cousins :
Or on vit fort bien à sa mine
Que c'estoit pour quelque voisine,
Et qu'amoureux de ses appas,
Il auoit addressé les pas
Qu'il fit de cette mommerie,
Fort complette & fort bien suiuie ;
Car il y auoit vn recit
Que belle ouuerture suiuit :

L'entretien ſeroit vn peu fade
Du cours de cette Maſcarade.
Or reuenons à nos Romans;
Vous ſçaurez que d'Aſtrey Commans,
Auecque Madame ſa femme,
Braue Monſieur, braue Madame,
Nous receurent auec plaiſir,
Quoy que contre noſtre deſir
Nous leur euſſions faulſé promeſſe,
Pour ſatisfaire à la Ducheſſe:
Car vrayment leur auions promis,
De les voir comme nos amis,
Et pour commoditez meilleures,
De danſer chez eux à huict heures:
Chacun de nous ſe vit traitté
Auec grande ciuilité,
Et de compliment tres-honneſte,
Meſme pour honnorer la feſte,
A nos Dames l'on fit preſent
De ce que l'on donne à preſent
En ce beau temps de maſcarades,
Force boiſtes de marmelades,
De confitures d'abricots,
Tant ſur aſſiettes qu'en des pots,
Force prunes, force groſeille,
Quelques cornets de nompareille,
Et de l'oublieux du quartier,

Des cornets de petit mestier,
Des noix confites parfumées,
Force langues de bœuf fumées;
En suitte le vin delicat
De Condrieu, de Cioutat,
Et du plus fin de Bar-sur-Aube:
Quelques poulets-d'inde à la daube,
Chapons, becasses, & perdrix,
Dont se soulerent plus de dix,
Rissoles à crouste tres-fine,
Et des pastez à la dodine,
Poulets en lopins farinez,
Et tres-proprement marinez,
Iambons, canars, pluuiers, cercelles,
Leuraux, cailles, & tourterelles,
Oeufs filez, pigeonneaux bardez,
Oeufs plaisantins, pigeons lardez,
Cailleteaux, ramereaux, outarde,
Oreille de porc en moutarde,
L'agnelet friand au cresson,
Auec l'espicé saucisson,
Pour tous les Seigneurs de la danse,
Qui tenoient belle contenance,
Tant qu'ils finirent ce festin
Sur les six heures du matin.
Et le soir sans aucun obstacle
Le Ballet parut à miracle

Chez le Cardinal Mazarin,
L'Eminent Prince & Souuerain,
Qui regaloit auecque joye
Le Prince Thomas de Sauoye,
Et plusieurs de nos Mareschaux,
Marquis & Ducs, & Pairs nouueaux,
Et d'autres tiercelets de Princes,
Comme Gouuerneurs de Prouinces,
Qui vinrent faire compliment
A nos Dames premierement.
Croyez-moy qu'on eut grand soin d'elles,
De conserues, d'eau de canelles,
Et de liqueurs dont on fait cas,
De limonade, & d'hypocras,
Elles furent bien rafraischies,
Et tres-ciuilement seruies,
Puis Monseigneur le Cardinal,
A soy-mesme toujours esgal,
En abaissant son Eminence
Leur vint faire la reuerence,
Auec cette ciuilité
Qu'on esperoit de sa bonté.
Dés lors l'on pensoit estre quitte
De plus faire aucune visite,
Et qu'estans les jours gras passez,
Les Romans seroient tres-passez;
Quand au second jour de Caresme,

Par vn commandement supresme
On nous manda dans Luxembourg,
Quoy que toute la belle Cour,
Excepté Madame *malade,*
Eust ja veu cette Mascarade.
Or ne veux vous faire sçauoir
Tout ce qui se passa ce soir:
Ce soir tous les Danseurs danserent,
Mais tous les Chanteurs ne chanterent
Qu'vn seul couplet du premier Air,
Qui viste alla comme vn esclair:
Le reste du Ballet de mesme
Alla d'vne chaleur extresme:
Vous en dire tout le destail,
Seroit pour moy trop de trauail,
Et la peine seroit trop grande
De vous en faire vne legende;
Quelqu'vn de là qui ne vous hait,
Vous dira tout ce qu'il en sçait.
De parler de la bonne chere,
C'est vne trop penible affaire,
C'est pourquoy je n'en parle point:
Scarron, *voyez-le sur ce point:*
Mais s'il dit autant de paroles,
Qu'au Prince il couste de pistolles
Pour receuoir de tels Ballets,
Contez-le parmy les müets.

Or ce n'eſt pas que ſon Alteſſe,
Le Prince autant que la Princeſſe,
N'euſſent recommandé les ſoins
Qu'il falloit pour tous nos beſoins;
Mais ce qui fit noſtre miſere,
Eſt que le ſoin de cette affaire
Fut commis pour noſtre malheur,
A Martin *ce bon Controlleur,*
Controlleur en controllerie:
Quand j'y penſe j'entre en furie,
Apprehendant comme lutins
La rencontre de tels mâtins:
Martin, *dis-je, chez la Ducheſſe,*
Martin, *dis-je, chez la Princeſſe.*
O Martin! *Roy des bons repas,*
Pourquoy ne t'y trouuois-tu pas?
Pourquoy ta cuiſine fumante,
Pour nous n'eſtoit-elle ambulante?
Le plus fade de tes ragouſts
N'euſt eſté que trop bon pour nous:
Car ny Creſpin, *ny* Dariole,
Qui font biſque, & fricaſſent ſole,
Ny leurs mets les plus admirez,
Par nous n'eſtoient point eſperez;
Le moindre qui te fait ſeruice
Nous pouuoit rendre vn bon office,
En apportant dans Luxembourg

Vn sceau d'eau du puits de ta court;
Ou bien comme on t'estime braue,
De celle que Ceres encaue;
Mais nous n'auions pas merité
Les biens à si grande planté.
Et toy, Martin, *qu'on tient si sobre,*
Qui ne controlles qu'en Octobre,
Et qui sçais regaler chez toy
Tes amis comme chez le Roy,
Quand auecque ta suffisance,
Ton sçauoir & ta complaisance,
Tu te fusse meslé de nous,
Tu n'eusses renuoyé plus sous
Les Autheurs de la Mascarade,
Que fit Papin *ton Camarade,*
Ce Controlleur, ce grand Papin
De la chronique de Turpin;
Sa memoire me semble digne;
Car par sa diligence insigne,
Et par vn ordre sans esgal,
Iamais dans le Palais Royal
On n'a veu seruir compagnie
Comme la nostre fut seruie;
Car les porteurs ne sembloient las
Qu'à seruir sur table les plats,
Et l'Eschanson (grandes merueilles!)
Donnoit sans compte les bouteilles,

Et si bien que pour nos besoins
Papin *employa tous ses soins.*
O vous dont la surintendance,
De tout l'employ de la finance
Et de Madame, *&* de Monsieur
Est commise, pour vostre honneur,
Si ce Martin *dans ses parties*
Employe quatre cens bougies;
Sçauoir, trois cens pour le Ballet,
Et cent que Thomas *son valet*
Emporta par son ordonnance;
Passez cet article en despense,
Aussi bien on suit chez le ROY
De tout temps cette mesme loy,
Et Monsieur *n'aura pas grand' peine*
D'en prodiguer quelque centaine.
Passez pour l'Item en son rang,
Quatorze placques de fer blanc;
Mais si, parce que son Altesse
Par vne preuoyance expresse,
Fit commander à ce Martin
Dés les six heures du matin
De ne point espargner finance
Pour receuoir ceux de la danse,
Martin *dit qu'il le fit fort bien;*
Dites, Martin, *il n'en est rien:*
Or il vous respondra peut-estre,

Que là chacun estoit le maistre,
Et qu'estre ne pouuoit par tout;
Desmentez-le de bout en bout:
S'il vous presente quelque rolle
En bonne forme & bon controlle,
Et qu'vn espace il ait laissé
Pour le remplir du despensé;
Par exemple, en bonne conserue,
En confiture de reserue,
Citrons communs, & citrons doux,
Et citrons qui causent la toux,
Cent bouteilles de limonade,
Cinq ou six bassins de cassade,
(Pour cet article il passera,
Car il est vray qu'il en donna:)
Enfin, tout ce qu'il pourra dire,
Et tout ce qu'il vous fera lire
Sur le journal de ce Ieudy,
Rayez tout, Martin *a menty;*
Et l'espace de ce Chapitre
Vous le remplirez de ce tiltre,
Dont, moy present, vn grand Seigneur
Honora Martin *Controlleur,*
En l'appellant Iean, *& le reste,*
Dont il ne faut qu'il se moleste;
Car je vous jure tout de bon
Qu'il ne luy dit rien que son nom.

Toy qu'on tient d'ame haute & nette,
Cher Thresorier, braue Pinette,
Si par quelqu'importunité,
Martin, *pour tenter ta bonté,*
Te presente quelque ordonnance,
Pour tirer sur toy la despense
Faite par Messieurs du Ballet;
Refuses ce Martin *tout net;*
T'auertissant que par mesgarde
Du Seigneur Duc de Bellegarde,
Ou des quatre, du Chambellan
Qui sert au premier jour de l'an,
L'auront signée, par surprise
De Martin *à perruque grise;*
Car il se paye de ses pas,
Le drolle ne s'y endort pas,
Et Martin *n'auroit point de honte*
De le faire mettre en ton compte:
Mais vn auerty en vaut deux;
Car toy que je tiens genereux,
Et qui paye bien mieux qu'vn autre,
Toy suiuy bien plus qu'vn Apostre
Sur l'escalier de Luxembourg,
Sçache de tous ceux de ta Cour,
Quelle chose fut despensée
Quand Oriane fut dansée,
Et quel chaud les danseurs auoient,

Et comme tous ils haletoient,
Pour n'auoir pas eu dans leur chambre
De l'eau pour rafraiſchir leurs membres.
S'il te parle de Codignac,
Il aura menty, c'eſt Memat
L'Abbé, ce deuot perſonnage,
Delices du tres-ſainct lignage,
Qui nous en donna quantité
Par grande generoſité;
Quelques verres de limonade,
Auec vn peu de marmelade;
Non pas ce Controlleur Martin,
Mutin, Martin, *malin, lutin,*
Et s'il fait bruit que tu le paye,
Tu luy diras, Daye dandaye;
Car *ainſi de ſon deſpenſé*
Il ſera bien recompenſé.
C*her* Scarron, *ce* Martin *m'entreine,*
Ma fureur emporte ma veine,
Mais pour cette digreſſion,
Souffrez-là de ma paſſion.
Cependant des Seigneurs la foule,
Par diuers eſcaliers s'eſcoule;
Nous aſſouuis de Luxembourg,
Et de la preſſe de la Cour,
Et de la Nobleſſe importune
Qui ſuit par tout Dame fortune,

Fiſmes mener noſtre attirail
Au logis de Monſieur Portail,
Conſeiller de Cour *ſouueraine,*
Qui nous attendoit auec peine
En ſalle où force gens eſtoient,
Qui beaucoup s'impatientoient:
Or de vous nommer ceux & celles,
Godelureaux, godelurelles,
Qui faiſoient l'honneur de ce Bal,
Ie croirois le dire trop mal,
Ne m'y forcez pas, je vous prie;
Car toute la Mortellerie,
Et quelques Dames du Marais,
Dont aucunes ont maris laids,
De race conditionnée,
Embeliſſoient la cheminée:
La gente Dame au gentil nom,
Expres en quitta ſa maiſon,
Encore qu'elle fuſt malade,
Pour reuoir cette Maſcarade,
Et ces Romans en leur declin;
Ie n'y vis point Monſieur Quelin,
Mais bien la Lanne *la cruelle,*
Rare, ſçauante & toute belle,
L'original des beaux pourtraits,
Et dont les moins ſenſibles traits
Percent les cœurs juſques à l'ame,

Et les

Et les consomme de sa flamme ?
Ie vis aussi Monsieur Pilon
Aupres de Madame Coulon :
Sçauez-vous qui j'y vis en somme,
Peu de la femme, & bien de l'homme ?
Qui faisoient pester leurs valets
De voir si souuent les Ballets,
Et qui pestoient de telle sorte,
Qu'il brusleren quasi la porte
Auec fagots, & cottrets secs,
Qu'ils auoient acheptez expres ;
Mais Hardots sortans à la file,
Leur firent bien-tost faire gile :
Chacun des Danseurs estoit fier
Du compliment du Conseiller,
Comme chacune Dame fiere,
De ce que Dame Conseillere
Boiste en mains fit remerciemens
A ces Maistresses des Romans.
De là les Violons s'en allerent,
Là, les Balladins nous quitterent
Chacun ses habits sous son bras,
Et quoy qu'ils semblassent tres-las,
Aucuns chargez comme des asnes,
Sur leurs dos porterent leurs masnes,
Sous les goutieres se moüillans,
Et dans les crottes patroüillans,

Alloient à tastons en tasniere
Chacun dedans sa chacuniere.
Vous qui dansastes autrefois,
Scarron, *sçauez toutes ces loix;*
Vous qui donnastes des aubades,
Qui dans Ballets fistes gambades,
Non pas au Ballet des Romans,
Mais dans quelques autres au Mans:
Or puisqu'en l'estat ou vous estes
Ballet plus maintenant ne faites,
Lisez ces Vers auec plaisir
Dans le temps de vostre loisir:
Ie dis quand le mal qui vous fasche
Vous donne vn moment de relasche:
Car ainsi par des plaisants mots
Vous deuez alleger vos maux;
Vos maux, qui vous ont en malaise
Cloüé sur vne grise chaise,
Sans manchettes, & sans rabat:
Bien voudrois que loin du grabat,
Scarron, *que j'ayme, que j'estime,*
Eussiez veu mieux que dans ma rime
Ce beau Ballet dans le Palais,
Sur ce theatre, ou les Ballets
Paroißent auec tant de grace
A quiconque y peut auoir place:
(Ie dis a qui la peut auoir;

Car Dame de force, & pouuoir,
Et d'estat, & de haute-game,
Puis qu'estant fille on dit Madame,
Dame que cherissez si fort,
La Dame saincte d'Hautefort,
Auec sa faueur, & sa grace,
N'y pût jamais trouuer de place,
Ny par force, ny par amour,
Ains ne le vit qu'à Luxembourg.)
Que l'eussiez bien veu je voudroye,
I'en aurois vne grande joye:
Car sans doute l'eussiez jugé
Tres-digne d'estre loüangé:
Car la loüange en bouche vostre,
Vaut bien mieux qu'en celle d'vn autre:
Car vous jugez mieux qu'au compas,
Des danses, des airs, & des pas;
Mesme y pouuiez faire vne entrée,
Non pas sans quelque chimagrée,
S'il est vray qu'aux douleurs qu'auez
Vn seul pas faire ne pouuez:
Mais puis qu'appuyé de bequille,
Xantus, Esope, & sa famille,
Ny ne dansoit, ny ne marchoit,
Mais bien en cadence y clochoit;
En cette danse delicatte,
Faire pouuiez le cul de jatte:

Mais puisque ne pouuez sauter,
Auez donc gorge pour chanter:
Or chanterez bien ce me semble,
Quand sçaurez les nottes ensemble,
Et fort plaisant ferons vn Air,
Pourueu que le vouliez chanter
Sur le refrain de la Ballade
Que j'enuoye à Scarron *malade.*

Ballade.

Bon jour, Dieu gard, qui ne prend nul esbat,
Souffrant des maux plus que cinq, six, ou sept,
Qui n'a vertu, ny force, entre œil, & bat,
Et dis pourtant le petit quolibet:
Tu sçais, dit-on, bien plus que l'Alphabet;
Mais n'as en toy rien de sain que l'esprit,
En te voyant, ta douleur nous l'apprit,
Pour ne pouuoir te tenir sur l'ergot:
De tous les maux tu crois estre le but;
Mais si tu veux viure autant comme Loth,
Chante toujours la, sol, fa, mi, re, vt.

Qui te veut mal est sans doute vn grand fat,
Sot, & grand fou, pour ne dire follet:
Si d'vn mouchoir tu te fais vn rabat,
De ton fauteuil tu fais ton cabinet:
Que si quelqu'vn te dit qu'il n'est pas net,

Qu'il

Qu'il te le chante ou mette par escrit,
Cette response à ce resueur suffit,
Sans luy chercher parfum de Melilot:
Monsieur, Nature exige son tribut;
Que s'il en gronde, au groin de ce grand sot
Chante toujours la, sol, fa, mi, re, vt.

Fais cependant sans craindre le frimat,
Deuant le feu maint burlesque sonnet,
Aux plus huppez donnant eschet & mat,
En stile vieux de Pierre du Coignet,
Faisant agir les presses de Quinet,
Mangeant chapon, ou chair qui n'amaigrit,
Dont vn Deuot aigrement te reprit,
Ayant pensé que fusses Huguenot,
Et pour cela doutoit de ton salut;
S'il y reuient, pour berner ce Cagot,
Chante toujours la, sol, fa, mi, re, vt.

Enuoy.

Paul, *fils de* Paul, *que trop cruel Edit*
Auant sa mort de la charge interdit,
Ie te voudrois plus dispos que Picot,
Ou que Bocan *de qui la gueule put;*
Mais tout cloüé que sois sur ton piuot,
Chante toujours la, sol, fa, mi, re, vt.

www.ingramcontent.com/pod-product-compliance
Lightning Source LLC
LaVergne TN
LVHW050303090426
835511LV00039B/1087
9782012728578